ALBEDO

Rafa Cofiño

ALBEDO
(pájaros, aviones y perros)

ORPHEUS EDICIONES CLANDESTINAS

© Rafa Cofiño

© Fotografía del autor: Carolina Santos

© 2023 del diseño, composición y edición:

ORPHEUS EDICIONES CLANDESTINAS
Gijón, Asturias, España
editorial@orpheus.es
orpheus.es

ISBN: 978-84-196913-4-7
DEPÓSITO LEGAL: AS-03571-2023

Impreso por Podiprint
Impreso en España | Printed in Spain

Gijón, Principado de Asturias (España), 2023

A Lucía y a Martín

albedo: Del lat. *albēdo* 'blancura'. 1. m. Fís. Proporción existente entre la energía luminosa que incide en una superficie y la que se refleja.

Remember when the scenery started fading
I held you til you learned to walk on air.

(Recuerda cuando el escenario comenzó a desaparecer
Te sostuve hasta que aprendiste a caminar en el aire).

LEONARD COHEN

[1]
Oír

A mi padre le han diagnosticado una sordera propia de sus setenta y seis años. Para ser exactos, me ha dicho, una sordera para las frecuencias agudas. No mucho, pero algo. Tras el diagnóstico le han ofrecido probar durante unos días unos audífonos.

Su mujer lo encontró un día, absorto, de pie, apagando y encendiendo la luz del salón. Una y otra vez. *Click Click*. Una y otra vez. Apagando y encendiendo y sonriendo como un niño. *Click Click*.

—¿Qué haces?
—Llevaba años sin oír esto.
—¿El qué?
—El sonido que hace el interruptor al dar la luz. Lo había olvidado. Pensé que la luz llegaba sin ruido.

[2]
Superhéroes de barrio

Cuando lo conocí pensé mucho en aquella reseña de Sandor Marai que tanto citamos: «Uno siempre responde con su vida entera a las preguntas más importantes». Algo en él le daba apariencia de ser —como dice siempre mi hermano Nacho— una persona sólida. Siempre me sorprendió la forma inmutable con la que hacia su recorrido cotidiano. En aquella época mi viaje a casa era vulgar y lo previsible venía marcado por los horarios del autobús que enlazaba una escuela áspera con una casa luminosa.

Coincidíamos todos los días. Yo lo observaba desde mi refugio en el cristal del transporte escolar. Había una cansina fortaleza en su forma de cruzar las calles de aquel barrio, todavía inconsistente en forma, pero tan robusto ya en contenido.

Un par de años más tarde obtuve el permiso familiar para dejar el autobús y poder volver caminando a casa. Mi otro hermano, Nacho también, me insistía que aquellas horas muertas de camino arriba y abajo iban a conformar mi carácter y mi cojera, y vaticinaba que tanto andar me traería felicidades y ñoaranzas de gorriones y charcos.

En aquel tiempo me lo cruzaba caminando y podía observarlo más de cerca. Tenía una edad indefinida, aunque joven. Parecía tener todos los argumentos para un cansancio inmenso —no sé precisar porqué— pero lo ocultaba en la forma de caminar firme y soportando una cazadora pesada. Miraba al frente y parecía sonreír pese a estar serio. Parecía que volvía de la revolución o de besar a una mujer o de salvar a mil niños. Pero sin gesto de posteridad. Sólo por requisito y principio en su tarea. No le pesaba el calor ni el frío. Parecía subir la calle silbando, pero no salía música alguna de sus labios.

Nos cruzábamos siempre en una zona de nadie del barrio. Un punto bien definido donde se inventaron los no-lugares. Las calles y las personas estábamos comenzando a crecer. Aquel lugar donde durante unos segundos nos cruzábamos era una especie de tejido tumoral revuelto, se acumulaban trozos de ciudad creciendo y otros a punto de extinguirse, aún había barro y piedras al lado del asfalto y plantas creciendo rebeldes y un tendejón de madera donde aún quedaban olores de animales y establos. Un no-lugar que firmaba la nostalgia que nos crecía en los huesos adolescentes. Día a día nos cruzamos allí durante cuatro años. Junto a otros animales mitológicos de barrio que subían y bajaban: *la belleza de lo efímero*.

Fui incapaz de decirle una palabra en todo ese tiempo. Estoy seguro que nunca se fijó en mí. Tenía una épica dignidad soportando aquella cazadora barata y pesada durante todo el año. Como quien vuelve de vencer en todas las derrotas o de dar por concluidos los infinitos trabajos y pesares del mundo.

Inventario I

27 de junio 2015

Un plátano a medio comer y medio revenido. Un periódico del jueves 25 de junio. Un asiento, el 18E, de Asturias a Madrid. Un cable y unos auriculares. Dos dólares. Una barrita energética. Un bolígrafo azul. Un papel con notas sobre OSU y San Bernardino. Un rotulador negro. Un pilot negro. Una tableta de chocolate. La cartera. Media hoja rota con unas palabras en inglés: *brochure, irrational, profiles, experts, flyer.* Un cargador del móvil. Un diccionario. Dos libros de salud pública. Un portátil. Una libreta abierta. Otro cable. Dos revistas. Varias carpetas con documentación. *Networks* de Catanzaro. *Hojas de hierba* de Whitman. El pasaporte. Otro bolígrafo azul. Un *checklist.* Un café ya sin hielo. Un colutorio. Un alargador. Un adaptador. Un sobre de la Escuela y otro de la Escola. El otoscopio. Dos libros para niños. Un paquete con antiácidos. Un neceser con un tubo de pasta sin estrenar. Un módem en desuso. Otro cable. Otro bolígrafo azul. Un papel con varias palabras: *humble, scientist, colleagues, survey, accurate, understable.* Un *checklist.* Un artículo desconocido de un tal Samuel Harper. *Las cosas* de Georges Perec.

[4]
Capas

A Miguel y Sonia. Contemporáneos.

Hace ~~veinte~~ ~~veinticinco~~ veintiocho años tuvimos una primera aproximación a la mortalidad y su inverso en la colina del castillo de Stirling. Rodeado de ausentes y contemporáneos en la colina del castillo descubrí lo siguiente:

- Todo está formado por varias capas. La capa del aire leve y transparente. La capa de los árboles grácil y danzante. La capa del verde perfumada y suave. La capa de los insectos que hacen agujeros en el aire y los nudillos. La capa de la tierra porosa de sombra y misterio.
- En medio de algunas de esas capas se mueve la capa donde habita nuestro cuerpo.
- Según el momento en el que observemos a nuestro cuerpo, éste habita en una u otra capa.
- Allá tumbado mi cuerpo estuvo unos minutos entre la capa del césped y del aire. Pero en aquellos minutos —una eternidad que acarreo desde entonces — una parte de mi estuvo a la vez en todas las capas mencionadas.
- Fui feliz. Fuimos felices. Lo somos.
- Todas las capas son provisionales.

- La nuestra probablemente es más provisional que muchas de las anteriormente citadas.

- No puedo explicarlo bien, pero tuve la certeza que todas las capas son también eternas.

Páxaru, páxaru, páxaru

Cuando era un guaje, hace miles, miles de años, antes de la miopía y la escuela, yo vivía en un tercero sin ascensor, sin internet y sin vacaciones. Vivía en una casa con televisión en blanco y negro y un sólo canal, con diez libros rojos de Julio Verne y una madre que cantaba y un padre que trabajaba. Mi hermana pequeña era aún, sigue siendo, una mascota risueña y el mundo aún no eran manchas luces grandes de colores.

Para dormirme güelita pasaba las yemas suaves por mis párpados y decía: *páxaru, páxaru, páxaru...paxarín, paxarín, paxarín.* Las yemas suaves por las cejas: *páxaru, páxaru, páxaru...paxarín, paxarín, paxarín.* Las yemas suaves de los dedos suaves en ese borde dulce donde empieza el sueño: *páxaru, páxaru, páxaru...paxarín, paxarín, paxarín.*

Con tantas y pese a tantas cosas, al final, la vida es como mi abuela. Así llegó y así se irá, suave y dulce, les yemes de los deos nidios nel suañu: *duerme fíu, duerme cariño: páxaru, páxaru, páxaru, paxarín, paxarín, paxarín.* Ni el orgullo, ni el valor, ni el Sueño, ni las palabras deberán quitarnos: *duerme fíu, duerme gorrión. páxaru, páxaru, páxaru...paxarín, paxarín, paxarín.*

[6]
Crecer

Es muy importante tratar de ir siempre por la derecha. En las curvas del camino a veces vienen rápido de frente y pueden darnos un susto.

Los charcos molan. Molan mucho, pero ya sabes lo que le pasa a tus pantalones. Controla bien el freno derecho cuando vayas bajando cuestas. Que no se te vaya la bici. Agarra fuerte el manillar cuando hay baches para no torcerte.

Si te tienes que bajar en una cuesta, bájate. No tienes que demostrar nada a nadie.

Y ten paciencia. Mucha paciencia: seguro que aunque hagas todo más o menos bien algún día te caerás, te darás un golpe y te rasparás las rodillas.

Y sí: eso de sentir el viento y todo eso que te sube por dentro, y el vértigo y este sol y esta luz y todo eso.

[7]
Padre

Attesa (Nils Frahm Rework)-Balmorhea

Mi padre lleva diez hilos de aire para enhebrar el barrio y el pasado que viene tallando con su gubia de carpintero.

Siempre tuve vergüenza de tener un coche con marca mejor que el suyo. Me parecía una falta de respeto para alguien que había perdido piel, pelo y la posibilidad de conjugar ciertos verbos para que yo pudiera conjugar otros. La solidaridad gramatical del ebanista.

De guaje me salvó muchas veces explicándome matemáticas y perspectivas caballeras. Pero recuerdo perfectamente el día que sin palabras me miró y dijo: *Hasta aquí puedo llegar hijo, no se explicarte más. Tendrás que ir tú solo.* Sentí pudor y respeto. Y me puse colorado como aún sigo haciendo. Creo que aquella frase de Cohen del escenario desapareciendo no era de Cohen, era suya. Aunque él nunca escuchó a Leonardo, como Ángel quizás nunca coincidió con Ángel.

Nunca tuvimos unas vacaciones juntos de playa y hotel, ni de hotel ni nada. Le acompañé en varios rápidos e inmensos viajes de trabajo de punta a punta del país. Midiendo muebles y espacios en aquellos viajes que me generaron dependencia y melancolía. Ñoaranza. Hace cien años estando en el lugar más perdido del mundo recordé algo que me dijo un día: *no te imaginas la melancolía que se tiene cuando se ve atardecer fuera de casa.* Y yo le miraba y me preguntaba y *cuál es nuestra casa.*

En aquellos viajes viajábamos míticos al sur y yo le ponía la música que masticaba con mis hipocondrios y que soñaba con los vacíos y le trataba de contar algo sobre mí y de cómo merecía algo la pena de todo aquello. Y que, aunque no lo creyera muchas veces, todo iba bien en aquel flaco y pálido de gafas que miraba asombrado el mundo a su lado.

Aparecía pocos días en nuestras vacaciones en casa de los abuelos maternos o en la casa del pueblo. Aquel fin de semana que anunció que acabaría el trabajo y podría venir con nosotros al monte, me pasé el día entero quitando piedras del camino. La entrada en pendiente no era un buen sitio para aparcar con todas aquellas piedras sueltas rodando. Una a una toda la mañana con mi hermana quitamos piedras y preparamos la entrada para su coche. *¿Qué hacéis ahí?* dijo mi madre. *Preparando el camino a papá. Para que pueda tener el camino limpio para dejar el coche cuando venga esta noche a dormir a casa.*

[8]
Días de cielo

Convenimos que lo mejor era marcharnos unos días con la tienda al monte. Dijo P. y asintió N. Acababan los exámenes de junio y la vida se embarullaba de una manera inaudita. R, unas semanas más tarde, nos diría una frase de esas cabronas de profecía autocumplida: *a partir de ahora cada año las cosas comenzarán a ser difíciles y cada año será más complicado que el anterior.* Puta frase de los cojones.

De todas formas, en aquellos años, alrededor de los veinte, aunque realmente no pasaba nada, para nosotros estaba pasando todo. Nunca estuvimos tan cerca ni tan clarividentes en discernir todas las verdades y en anotar todas las mentiras. Pensábamos que la vida podía ser terriblemente sencilla y que lo único importante era tomar buenas decisiones.

En medio de todo aquello convenimos en marcharnos unos días con la tienda al monte. La imagen era llegar a tierra de nadie. A un lugar perdido donde no hubiera nadie. Sólo un prau inmenso verde de comienzo de verano. Y durante unos días no decir nada, dedicarnos solamente a estar tirados y ver el cielo y poner en orden todas las piezas de ese puzzle-Perec que ya comenzaban a tener barullo y a ser difíciles de encajar.

[9]
Verbos

Repasando las conjugaciones:

—¿Qué es el verbo ser?
—El verbo ser es el verbo más irregular que hay.

Dejad que nos salven las palabras

Tú me lo has contado y yo me lo imagino inmediatamente así. Sólo pienso en escribirlo como si escribir lo que tú has visto y me has contado nos fuera a salvar inmediatamente a todos.

Como si fuese una necesidad perentoria narrar esa fotografía.

La niña permanecía en pie a la puerta del supermercado en el barrio. Soplaba mucho viento y ella esperaba de pie con el libro en la mano. Lo devoraba por segunda vez.

Era el principio de la tarde y no había nadie, sólo el ruido afónico del viento en las curvas, ese mismo que tienen las voces cuando gritan en casas vacías.

El supermercado parecía plantado en medio de un no—lugar. Una avenida sin gente de un país que gastaron los dictadores; un escenario distópico donde, después de una catástrofe, sólo han sobrevivido unos pocos; esa escena tan triste pero tan bella que tiene el último sueño que soñamos antes de levantarnos y doblar los icebergs para irnos a trabajar.

Soplaba mucho viento y ella, de pie, no podía parar de leer.

Una garrafa de agua a los pies y una bolsa arrugada esperando vuestro coche. Unas hojas que tiemblan entre los cables y un contenedor gastado. Y el viento con esas trazas de primavera y de flores desacompasadas.

Tan pequeña allá en medio de nada y tomando fuerte las hojas del libro entre las manos. Agarrarse al libro y a las palabras como si todo.

Tú ibas a buscarla y ella esperaba de pie con el pelo deslavazado al aire. Los más pequeños señalaban la escena.

—*Mirad, mirad, el viento se la va a llevar, pero ella no puede parar de leer. Mirad, mirad, ella no puede parar de leer.*

[11]
Viajar

Recorras los países que recorras, este es el mejor viaje posible:

Tener suerte y que te toque ventanilla en uno de los municipales que cruza Gijón. Ir escuchando música y recorrerse de nuevo paseando los lugares habituales.

Comprobar los dientes que le han caído y le han salido a la ciudad y que también son y no son los tuyos.

Comprobar asombrado que el magnolio, parte de atrás del patio, Cienfuegos con Ramón y Cajal, ha florecido un año más.

Que la esquina donde nos besamos la primera vez ha cambiado, pero sigue siendo la misma.

Ana

Una niña de noventa años con los ojos aguamarina. Mataría por ser ubicua y poder estar en todos los sitios. Camina por el pasillo como una pelota de ping pong de lado a lado. Inestable y flexible a la vez, revoltosa y parlanchina. Cada vez que voy a verla su único objetivo es asomarse a la ventana para poder llegar a la ventana y, cuando dejo el portal, decirme el último adiós desde allí.

Me hizo un regalo grande.

Me contó que a mi abuela —cuando yo era apenas un recién nacido— le gustaba ponerme en su regazo. Me ponía en sus rodillas y ella tejía y tejía. Quizás lo primero que vi en mi vida fueron las manos y las agujas de la abuela, y ella sonriéndome desde arriba, tejiendo, tejiendo.

[13]
Snæfell

In Sneffels Yoculis craterem kem delibat
umbra Scartaris Julii intra calendas descende,
audax viator, el terrestre centrum attinges.
Kod feci. Ame Sahnussemm.

Viaje al centro de la tierra. JULIO VERNE

Me llamó porque tenía las piernas hinchadas. Se le hinchan mucho todas las mañanas y especialmente más en estos últimos días. ¿Cuántos exactamente? pregunté. Cinco o seis o siete, no sabría decirte, quizás ocho o nueve. Pierdo los días.

Exploré con detalle. Al ser todo un sueño es muy difícil acertar bien con los dedos y comprobar si hay fóvea o no.

En la zona externa de uno de los muslos descubrí una lesión muy llamativa. Me aventuré a describirla, pero me di cuenta que pese a las facultades que confiere lo onírico estaba desprovisto de esa narrativa desde hace años y que confundiría lo eritematoso con la úlcera o lo exudativo con el trasudado. Miré la geografía de la piel como si se mira un cuadro roto o una incisión en una tela. Era una lesión amplia de bordes hinchados y con un hueco en el medio tapado por una costra de mal aspecto. Todo era un sueño, claro, y me permití aventurar que quizás todos teníamos un Snæfellsjökull por donde descender al alma y que este era el suyo.

No obstante, era exactamente como yo lo había imaginado. Los sueños algunas veces te sacuden, pero otras son anticipo, una liturgia nocturna, de algo que vamos cocinando durante el día. Y en esta ocasión yo traía la lección bien aprendida.

Más que las piernas hinchadas, lo que más me preocupa es esto, le dije señalando aquel boquete en su pierna. Pese a semiolvidar la clínica no había olvidado cómo decir algunas frases o cómo mirar al decirlas. Sonrió algo entre lo profético y lo cansado. Él sabía que el guión ya estaba escrito y seguramente pensaba que esta frase inicial me sobraba.

Ella se apoya siempre en mí al caminar. Mi pierna contra su pierna. Al caminar y levantarse y al poner ciertos días en orden. Lleva muchos años así y sabes que el roce hace el cariño, pero sobre todo viceversa.

La marca era exacta de la rodilla de ella en la pierna de él. Como los troncos que se doblan en otros y dejan una señal quebrada en la madera. Nudos para crecer. Pensé que la lesión era un nudo abierto.

Pero no es del todo así —prosiguió una frase perfecta que yo le había escrito a priori antes de ponerme a dormir: Realmente observándonos desde fuera parece que es su cuerpo el que descansa en mí. En la práctica es todo lo contrario. Soy yo el que descanso en el suyo. Si no llega a ser por ella —y el dedo recorría suavemente la periferia algo descamativa de la lesión— yo ya me habría caído al suelo hace mucho tiempo.

Juro que lo haré como si me fuera la vida en ello

Me repito como una letanía este pensamiento: Lo único que se hacer medianamente bien en el mundo es lavar la cabeza de tu hermano y secar con ternura tu pelo.

No te lo digo nunca en voz alta. Me mirarías raro. No sé bien cómo un padre debe comunicarse con sus hijos. Me he saltado esa clase y la bibliografía correspondiente. Sé que a veces me miras curiosa estas gafas y barbas de viejo. Pero pongo un precioso cuidado en mis dedos con el jabón y la toalla.

Trato de poner mi vida en ello.

Apenas hablamos. Escribo palabras calladas en las ondas que resbalan por tu nuca.

Tu lees un libro con la cara oculta y yo muevo despacio la toalla o el secador. El ruido del secador es la música más hermosa del mundo. La música más hermosa que nunca he escuchado.

Te pregunto si cuando seas mayor me dejarás seguir secándotelo así. Vendrás a casa a vernos. Quizás tengas muchas cosas que contarnos o quizás no. Puede que vengas de lugares remotos, de esos que están a miles de kilómetros o de los imperdibles que están a la vuelta de la esquina. No importa. No podré recibiros con grandes regalos o con enormes palabras. Mis habilidades son nulas. Otros padres os harían mejores regalos. Yo sólo me comprometo a lavar detenidamente la cabeza de tu hermano y a secar la tuya con mimo.

Juro que lo haré como si la vida me fuera en ello.

Nos quedaremos los dos callados como ahora. Tu mirando un libro y con el pelo mojado por los hombros. Me explicarás en silencio todo lo que tienes que explicarme. Yo te explicaré en silencio, los dedos rigurosos moviendo la toalla, todo lo que tengo que contarte: la importancia de la niebla en el monte, las eternas preguntas, la solidez que tiene la cafetera en la mañana, la importancia de luchar todos los días, la rigurosa pertinencia que tiene el miedo, el temblor de los contemporáneos o cómo dos palabras pueden fugar al infinito, la vigencia de haberme movido mucho, pero seguir viviendo a pocos centímetros de Zoila. Sin palabras.

Sé que otros padres más versados y viajados podrían hacer mejores regalos. Yo sólo desenredaré y secaré tu pelo con infinito cuidado. Haciendo todo el tiempo posible hasta que nos llamen a cenar. Sin querer irme nunca de ahí. Pensando que la vida es sólo esto y que sólo para esto he venido aquí.

Os juro que lo haré como si la vida me fuera en ello.

[15]
Madre.
Cuento de cumpleaños

Siempre he sido un desastre con las fechas. Hubo algún momento de mi vida que quizás fui más preciso con ellas, pero debí de darme o me dieron un golpe y desde entonces no acierto.

En septiembre del 99 (¿o era en el 98?) estábamos de vacaciones en Sevilla. Increíblemente nos llovieron casi todos los días que estuvimos allí. Desde entonces tenemos la imagen que viajamos a los sitios con una nube encima, como en los tebeos. Uno de los días estuvimos tentados en comprar un paraguas. Cuando lo fui a comprar recordé —no sé por qué extraña conexión mental quizás fruto de la sobredosis de helados— que ese año mi hermana había dicho algo de regalarle un paraguas a mamá para su cumpleaños. De repente me saltó la luz.

—Joder, que es hoy su cumpleaños. Tenemos que llamarla.
—¿El cumpleaños de quién? —dijo Natalia.
—De mi madre

—¿De tu madre y no te acuerdas hasta ahora que ya es casi la hora de cenar?

—Joder, joder. Vamos a buscar una cabina.

Llegamos mojados a una cabina. Vosotros ya no sabréis que es eso, pero son unas urnas transparentes que se colocaban verticales en algunos lugares de las aceras. Tenían un teléfono dentro y servían para llamar, para hacer concursos de ver cuántos cabíamos dentro, para echar partidos con seis millones de chinos, besarse si hacía frío o cambiarse si eras un superhéroe y tenías que ir a trabajar. Nosotros en esta cabina de Sevilla optamos por lo tercero y lo primero. Por ese orden.

—Mamá, ¿qué tal estás? Felicidades, cariño. ¡Aquí estamos acordándote de ti en Sevilla!

—Hola hijo, ¿qué tal lo estáis pasando? Hará mucho calor, ¿no?

—Muchísimo, estamos empapados. ¡Felicidades! ¡Nos acordamos mucho de ti en este día tan especial!

—¿Felicidades?¿Por qué?¿Qué pasó?

—¡Pero bueno! ¿Por qué va a ser? ¡Feliz cumpleaños!

Silencio.

—¿Cumpleaños? ¿De quién?

—Tuyo, Madre (nunca la llamé así, pero está puesto para dar más estilo literario a una historia absurda).

Silencio (y ruido como de masticar garrapiñadas).

—Pero qué imbéciles que sois (*sic.* Verídico. Vuestra abuela nos llamaba imbéciles a tu tía y a mí con reiteración profunda y más repetida a medida que se fue haciendo mayor. Esto no me afectó demasiado y me ha hecho resiliente de ciertas prosas. De hecho, ella mejoró bastante la estirpe familiar porque tu bisabuela materna decía. «Pero cojones qué imbéciles que sois, recoño de Dios»).

—¿Imbéciles? Es hoy tu cumpleaños ¿no? No se me pasaría y fue ayer, ¿verdad?
—Ayer no caramierda (*sic* también). El cumpleaños fue en febrero. Y nos colgó.

La llamamos un poco más tarde y haciendo como que seguía siendo su cumpleaños le cantamos *Violetas Imperiales* que era una de sus canciones favoritas. Canción que también pusimos a todo volumen cuando entramos en La Rioja en el 2008 (¿o fue en el 2007?) cuando murió y la llevábamos en el asiento del copiloto: sus cenizas en la urna, como una película de Sundance o del FICX, bien pegada a nosotros, cantando todos en el coche (Calamardo, Luis Mariano y Abba) y la urna bien atada con el cinturón de seguridad. En aquel nuestro, por ahora, último viaje juntos.

Y

La vida es la infancia
y todo lo demás son anexos.

Y un resquicio de cartílago y las virutas del ánimo
y las aceras sin asfaltar y Mere, Dari y Maruja
y Precios Únicos en Asturias esquina con Donato Ar-
güelles y el azucarero rojo y el cuchillo amarillo
y la virgen hueca de todos los borrachos del barrio
y la uña en las rendijas de la mesa aplastando las migas
y las palabras y la prostituta triste
anacrónica a la transición
y La Cábila y los suburbios que precedieron
       —litúrgicos
al desorden que merecen
los infinitos versos del mundo
       —porque todos los poemas del mundo,
       todos,
       cabían en un cuerpo de ocho años de niño
y el cementerio
y el espacio tangible de vivos y muertos

que conectaba ambos
saludándose en las esquinas de la panadería y el kiosco
y las mujeres del barrio
         —como seres mitológicos
que apuntalaban las calles
y desbastaban los mundos
y las gafas torcidas
y un tapón metálico sin uso
que madre dejaba siempre en la mesa
como si fuera útil para reiniciar el mundo
en las mañanas más tristes de todas
y las colecciones incompletas
de las que nadie decía nada
pero que todos señalaban y proclamaban
         —como demiurgos
«la vida así: cajas incompletas, cajas»
y espejos y gorriones en la cocina
y el mar en los pasillos
rompiendo entre la entrada y el salón
cayendo en una ola tímida
que bajaba cuatro pisos y Schultz
y moría en el Muro.

La vida es la infancia
y todo lo demás son anexos.

La cuneta

No rozaron ni un instante…
Luis Eduardo Aute

El itinerario ideal es entrar en Gijón por la AS-248, la carretera vieja que viene de Pola de Siero y que roza La Camocha y Granda. Tomar la primera salida en la rotonda que también lleva a Nuevo Roces.

Se deja a mano derecha una parada de autobús y varios segmentos e intersticios donde a veces pastan caballos melancólicos. En otoños desleídos, a veces asoman sus cabezas de trapecio a la carretera, y cuentan coches, y se preguntan porqués mientras mascan cuántos. Se atraviesa un pequeño túnel y la carretera sube un poco. A la izquierda se puede girar a Contrueces, pero lo que ahora nos interesa queda apenas unos metros más adelante.

Cuando alcanzas la cuesta la carretera cae perezosamente, en muy pocos metros, hacia la rotonda de El Llano; pocos metros que muchas veces son de lenta conducción por la saturación de vehículos.

Agradecí este atasco la primera vez que las vi hace unas semanas. El tráfico lento me permitió observar todo con más detalle.

Mirada a la derecha: a lo largo de todo el tramo final del quitamiedos. Mi primer instinto fue parar el coche y bajarme. Alguna estúpida parte de mi cerebro me pedía el nombre preciso de todas ellas, una clasificación plausible por colores. La desconocía, pero también la desprecié con vergüenza muy rápidamente. No importaba lo más mínimo nombrarlas. Sólo quería mirarlas. Mi primer instinto fue bajarme y quedarme allí durante varios días: en la cuneta, en medio de aquel misterio que pueden alumbrar algunos suburbios.

He pasado por allí todos los días de estas últimas semanas. Con días de luz y con días de lluvia. Con días de muertes y sin resurrecciones. Se las he enseñado a quienes bajaban conmigo. Mirad, decía. Las encuadraba entre las manos. Mirad, mirad. Un tesoro oculto, pero tan a vista de todos. Desaparecerán en pocos días. Miradlas.

No, no me he apeado nunca. Soy un animal de rutinas y bien domesticado. Pero he detenido siempre el coche lo suficiente, disimulando, tímido, para poder mirarlas con calma,
    y rozar
    al menos por un instante
    la belleza.

El niño con el rayo
en el costado

Unas semanas antes de la muerte de mi padre
me brotó un zóster en la zona costal inferior derecha.

Mi padre y yo nos abrazamos mucho durante toda la vida,
pero muy poco con los cuerpos.
Hubo cierta timidez táctil heredada.

Aunque el zóster había remitido en los últimos días ayer
ardía de nuevo: el niño con un rayo en el costado.
Imaginaba el brazo de mi padre agarrándose fuerte, prendido en mi piel por última vez;

sabiendo que debía marcharse, y que era el momento,
pero tratando de demorar un poco el viaje, repitiendo palabras eternas:

yo no quiero morirme nunca,
porque quiero jugar siempre.

«Es como cuando te tomas agua con gas y notas como hay puntos así, como de algo que te estallan en la boca».

M. Ocho años; al meterse en el agua ya fría del Cantábrico, una tarde de septiembre del 2018

[20]
Pájaros, aviones y perros

Pasa siempre un avión en los momentos más especiales. Lucía me lo recuerda continuamente desde que era pequeña.

Y pasa un río delgado de niños en la tarde que rompe las flores al agua.

La felicidad es proporcional a esos hilos que traemos de aquellas infancias a estas otras.

Hacíamos viajes eternos hacia el Sur. Y el Sur era un misterio que tendíamos con el índice en los mapas. Dormíamos en la carretera a medio camino de nuestro destino final. Yo era un agradecido copiloto y mi oficio solo consistía en abrir una bolsa de plástico enorme donde llevábamos las cintas. Iba poniendo lo que me pedías y de tanto en tanto alternaba tus cintas con algunas de las mías.

Mi otro oficio era sólo mirar por la ventana como pasaban las tierras y decirte, con mi cabeza, sin hablarte, un montón de cosas. Me gustaba aquellas horas de viaje para estar simplemente ahí, miope, callado, sonriente y desorientado mirando el mundo, para decirte todo sin palabras.

Llegabas cansado, medías los mostradores y los armarios y yo hacía tiempo paseando por una ciudad desconocida. Como un animal contemplativo, pájaro o perro, me imaginaba todas las posibilidades del mundo. Buscaba tiendas de discos y camisetas en un paisaje tan diferente al nuestro. Sólo hacíamos una noche, cenábamos con la gente del trabajo y volvíamos al Norte. Creo que apenas pronunciaba dos o tres frases en todo el día.

El presagio más importante era que sonara una buena canción cuando llegáramos a destino. Tanto al entrar en la ciudad a la que viajábamos como a la vuelta al entrar en Gijón. Como cuando en el plato dejas lo mejor para el final, yo siempre dejaba mi canción favorita para ponerla cuando llegáramos a casa.

Una tarde, cruzando hacia el Sur, con las ventanas abiertas, contemplábamos el sol marchándose: *Hijo, no sabes la tristeza que se pasa cuando ves atardecer estando tan lejos de casa.*

Y señalabas rastros de árboles, asombros y los deberes que me estaba comenzando a poner el mundo.

Pájaros, aviones y perros.

Signos patognomónicos de la nostalgia

Mi kilómetro cero siempre ha sido el fregadero de todas las casas que habité (más preciso sería decir de todas las casas que me habitaron).

Había dos signos con los que medíamos la ausencia y la distancia después de pasar el verano con los abuelos.

El primero era al llegar, abrir la puerta y reconocer el olor cerrado de las habitaciones. La casa, que siempre fue pensada e imaginada en femenino, desprendía un olor peculiar después de tantos días sin haber sido vivida. Muy de pequeños imaginábamos que el olor era debido a la oscuridad inusual que tenía la casa a nuestra vuelta, pero más tarde, ya siendo más maduros y científicos, solventamos en pensar que era sólo el sudor que desprendía al habernos echado de menos.

El segundo signo era correr a la cocina y al baño para abrir los grifos. Medíamos el tiempo que habíamos pasado fuera por la torpeza que hacía el agua al intentar correr de nuevo: tartamudeando, un ruido de cañerías, una explosión intermitente y breve, escupiendo y tragando un líquido oscuro que tardaría unos cuantos segundos, horas nos parecían, en aclararse.

Mirábamos mi hermana y yo el agua marrón corriendo por el desagüe, apoyábamos las caras contra el papel pintado húmedo y triste de las paredes y en aquellos segundos leves en las que la casa comenzaba a recobrar su transparencia, pasaba por nuestro recuerdo el verano que terminaba: la piel de los abuelos y las ventanas de luz de República Argentina, el Ebro ardiendo, el Cachorro y el Espolón. Ensimismados, dos torpes geógrafos infantiles tratando de encontrar variables con las que medir la melancolía.

Mi kilómetro cero siempre ha sido el fregadero de todas las casas que habito.

[22]
Desinencias

He visto una bandada de aves durante estos días alimentándose en los praos de alrededor de casa.

No parecen autóctonas. Son pequeñas, blancas, con el cuello alargado; alimentándose en un pequeño césped cerca de la carbayera el viernes y hoy en ese prao inmenso enfrente de la gasolinera.

No sé cómo se llaman.

Leyendo a Helen Macdonald descubrí mi desconocimiento para nombrar la naturaleza que tengo alrededor. Al leer su libro fui consciente de mi imposibilidad para designar los árboles o los arbustos o los animales o los colores o los diferentes tipos de paisaje, piedras o relieves.

Levantando la vista del libro y al mirar soy consciente de mi ineptitud no solo para nombrarlos sino también para entender su funcionamiento. La vida sin instrucciones de uso.

Se mueven despacio buscando con la cabeza agachada entre la hierba. Imagino que bajaban al Sur a pasar el invierno con las pirámides y las golondrinas en el Nilo y que quizás se han desorientado con el falso azul celeste de estos días alciónicos que vivimos de prestado.

Pequeñas e inmaculadas desinencias acompañando palabras-geografías que no les corresponden.

Saco el brazo por la ventanilla para sentir la luz. Hoy leía algo del poeta suicida diciendo que la única forma de escribir es cuando se ama. O al menos —agrego mentalmente mientras se alejan buscando comida— cuando a la raíz amar le ponemos todas las desinencias posibles. Como estas aves pequeñas y perdidas buscando comida, preguntándose dónde está el invierno del que deben huir.

[23]
Lluvia

Es el olfato el principal de todos los sentidos, aunque acaso el menos valorado.

En la adolescencia guardaba un bote de crema solar del verano que durante todo el invierno olía periódicamente para recuperar la memoria del verano. Un ejercicio absurdo de nostalgia.

Al abrirlo y aspirar el olor, rayando el vicio, acudían al recuerdo un puñado de imágenes confusas de felicidad que anotaba minuciosamente en un cuaderno. Algunas de aquellas imágenes —un trailer vertiginoso con fondo gradiente powerpoint azul— siguen intactas en algún espacio entre las sienes.

Así percibimos la llegada de la lluvia los que hemos nacido con ella. En este Norte, en esta ciudad que compite con la de los solenoides para ser la ciudad más triste del mundo, la lluvia forma parte de nuestra biología *(I'll take the rain)*.

El invierno era profundamente húmedo y pasábamos mucho tiempo al lado de la cocina de carbón. Antes de ir a la cama nos pegábamos a la pared del cuarto que lindaba con la cocina. Así los cuerpos se calentaban algo antes de entrar en aquella cama de sábanas empapadas y rígidas. A veces nuestra madre las calentaba con la plancha. Todo eran, no obstante, gestos de felicidad y belleza.

El sueño era un viaje submarino del que apenas podríamos desprendernos hasta que llegara el mediodía.

Anticipamos pues la llegada de la lluvia cuando llegan masas de aire frío a las que precede un tiempo excesivamente caluroso. Recibe el cuerpo la lluvia con alivio y con la felicidad y nostalgia de esa memoria antigua. Los pies y los zapatos empapados días enteros. Y los millones de vidrios que vimos mojar. Empapar era el verbo más precioso de todos.

Y la diferencia que tiene el olor de las calles mojadas al del aroma libre del monte empapado y sus cortezas minerales y milenarias.

Bajábamos imprecisos y eternos las calles y las avenidas a las escuelas mojadas y nos enamorábamos de todos los charcos que constituyen, con más claridad que otras descripciones, la geografía de la ciudad que nos habita.

Porque así era: hubo un tiempo en que guardábamos con fidelidad exacta la precisa descripción de todos los charcos que tenía la ciudad, y los anotábamos en las palmas de las manos para guiarnos, indecisos, en las estaciones que estaban por llegar.

[24]
Madres y mapas

Las cosas se duplican en Tlön; propenden asimismo a borrarse y a perder los detalles cuando los olvida la gente. Es clásico el ejemplo de un umbral que perduró mientras lo visitaba un mendigo y que se perdió de vista a su muerte. A veces unos pájaros, un caballo, han salvado las ruinas de un anfiteatro.

Tlön, Uqbar, Orbis Tertius. Jorge Luis Borges

No he podido venir a verte en todos estos tres años.

He ido teniendo información periódica de cómo ha ido todo y guardo minuciosos detalles de cómo estás y de cómo ha ido avanzando tu enfermedad y tu edad. Pero me he sentido incapaz de cruzar la puerta de esa residencia. Me matan estos sitios. Sé que has estado perfectamente atendida y que es un lugar fantástico, pero soy incapaz de poder cruzar el umbral y se me hace insoportable visitarte fuera de otro sitio que no sea tu antigua casa. Lo sé. Son excusas infumables, pero prefiero serte sincero a malgastar mentiras con esto y el poco tiempo que nos queda.

Sí, me matan estos sitios. Me mata no tener fuerza para ir, pero me mata mucho más saber que no voy a volver a verte de nuevo en tu casa. No visitarte en la cocina blanca del cuarto derecha, preparándome el café y contándonos la vida y dejándonos cuidar los dos mutuamente. Cuando el tiempo era elástico y teníamos la capacidad de conformarlo a nuestro antojo.

Tu cocina tenía esa propiedad que describieron de algunos animales en algunos libros: se podía encoger y expandir de acuerdo con los cuerpos que la ocupaban; y así ella fue creciendo desde aquel mueble de la derecha llena de cosas, del quemador y la cocina de carbón a los otros muebles y la nevera nueva. Crecía la cocina a medida que nosotros crecíamos en ella y los utensilios de ganchillo y de lana y los inhaladores y los botes de pastillas y los papeles de borrador que C. nos traía y los primeros periódicos de EL PAIS que vieron nuestros ojos y que J. empezaba a comprar y paseaba debajo del brazo y que nosotros mirábamos con orgullo de que había una trinchera verde en el barrio y todos aquellos apuntes de MC que tanto nos enseñaron a ser responsables y a trabajar. Un gran hijo de puta decía que no entendíamos la vida y ciertas profesiones, bastaban dos tardes en aquella cocina para entender lo único preciso que necesitamos saber en esta vida.

En tres largos años — y ya son alguno más en el momento que anoto esto— no he sido capaz de ir a visitarte. Hay una fuerza extraña que me deja encerrado en casa y sin posibilidad de moverme.

Anoto para tratar de comprender esta fijación que tengo de vincular a personas con lugares. Algo dentro de mí siempre se sorprende por este afán de emparejar personas y sitios (como también se sorprende por mi afán de interpretar que lo que leo en ciertos libros tiene que ver con cosas que han pasado o pasarán, o en mi asombro por ciertos juegos cortazarianos). Emparejo a Juana Mari con Zoila, a Yeya y Estelina con Cuenca, a María con Villamediana o República Argentina. Mujeres fuertes e imprescindibles con lugares fuertes e imprescindibles. Y tú en el cuarto derecha o sentados juntos al lado de aquella cocina de carbón en la aldea.

El problema es que cuando ellas desaparecen, el lugar también lo hace. Figurada y realmente os acabáis siempre yendo ambas. Y se quedan solos los mapas, con agujeros vacíos y extraños que inútilmente trato de llenar con palabras.

(nosotros, así siempre: niños miopes y desorientados tratando de encontrar el lugar de vuelta a casa)

25

Fue en Noviembre

«He hecho una lista de preguntas,
cuyas respuestas ya no alcanzaré a saber»

Wislawa Szymborska

Fue en noviembre. El temporal desordenó los caminos y las veredas y los dejó llenos de trozos de mundo: objetos perfectos y prescindibles, a medias, casi rotos y quebrados: objetos que ya casi habíamos olvidado y que nos recordaron la belleza de este lugar.

Fue en noviembre. Se nos hizo imposible encontrar la luz de otoño en Olissipo, pero descubrimos que la lluvia le sentaba igualmente bien. Doblemente bien porque, aunque no tuvimos la claridad de aquel Julio, volvimos a ella acompañados por otras luces que llevamos criando desde hace unos años. La Alfama seguía siendo un barrio que emergía del agua y las casas se derramaban desde las colinas al río y recordamos que la saudade fue un esbozo de la ñoaranza y que ésta nació allí, y miles de años antes allí, cuando nos conocimos, y en aquella plaza con kiosco y palomas y nos sentamos en un banco y nos levantamos y seis años después.

Fue en noviembre. Llovió como nunca. Hubo una pandemia de charcos y arco iris. Aparecieron estos discrecionalmente a todas las horas del día; y al final, semejante sucesión de episodios ya parecía cansina, y casi los despreciábamos como un suceso demasiado cotidiano y habitual. Se acumularon aquellos otros primeros por todos los rincones de la ciudad y de la casa. Nada más bello que los charcos. Crecimos mirando charcos. El cielo en Asturias está muy abajo y para caminar es necesario doblar siempre un poco los hombros y encoger el cuerpo. La vista se va sin querer a los charcos. Parte de nuestra falta de autoestima quizás viene de esta posición de tener que mirar al suelo. Y por eso, en compensación al déficit de techo y altura, la tierra nos ha dado y tenemos charcos: fragmentos de cristal y espejos dispuestos por todas las partes para hacer crecer nuestro mundo cotidiano.

Fue en noviembre. Aquellos días donde lo más importante no estaba arriba sino en el suelo. El mes perfecto para nacer o morir. Cuando casi nació V. y cuando nos dejó su padre. El agua ocupó el mundo y la climatología confirmó lo que dice el libro de Naturales de Martín: en el norte las montañas enganchan las nubes y no dejan que se vayan nunca, el cielo es más bajo (ya lo explicamos), los charcos imprescindibles (también), los ríos cortos y caudalosos y bajan a derramarse prematuramente en un abrir y cerrar de ojos al Cantábrico. Los ríos llegaron al límite. A la tierra ya no les cabía más agua y había regatos por todos los sitios. Vivimos el mes con los pies mojados. La lluvia que no paraba empapó la tierra y los caminos y la mesa y los apuntes y el trastero y la esquina del estudio y la segunda estantería con los libros de los mapas, las escaleras y las mochilas, y las articulaciones y las gafas y las teclas del ordenador.

Fue en noviembre. Como el mundo, tras el temporal, nuestra casa también se desordenó entera. Los horarios eran complicados pero esa tensión de todo tan lleno hacía que las habitaciones, tú y todo pareciera más bello que nunca: rotuladores, apuntes, libros caídos y colocados aleatoriamente, tazas de café, ropa en los tendales, en la silla y por el suelo, trozos de leña y mantas, el mundo de los niños, casas de pájaros y cortezas, un sapo despistado, manzanas, gabardinas, estilográficas y rodillos, máquinas de escribir y cámaras de fotos, tablas de cuentas, papeles de diferentes tamaños, cintas de video y juegos, recortes, cables, lápices de colores, cubos, una lupa y varios enchufes, grietas y coronas, etcéteras, diccionarios, lámparas recuperadas de la expedición a Zoila, fotos y moleskines por escribir, qués, posavasos y los libros que enviaron los amigos.

Fue en noviembre, y los amaneceres eran ambarinos. No era que el sol llegara realmente, sino que alguien, con la mañana ya muy entrada, encendía en alguna parte algo parecido a una lámpara de bajo consumo de IKEA y el mundo iba tomando forma bajo nubes y lluvia, difuso y reflejado en los charcos. Recordad que nos guiábamos por los charcos. Una luz pálida, ámbar, hermosa, muy Cartarescu a la asturiana. Hubo muy pocos días de luz verdadera de esta estación, tres o cuatro a lo sumo. Pero lo fueron de una precisión hermosa. Una de ellas subí con mi hermano a la montaña para ver las cosas de arriba y asumir de nuevo la certeza de otoño.

Fue en noviembre. Pensamos, hablamos, trabajamos mucho y dormimos poco. Rulanianos que de tanto pensar nos quedamos afónicos. Atónitos ante la belleza del mundo y la precariedad que supone siempre estar vivos. Mirando con detenimiento cómo las hojas caían de un árbol sucio en la intersección de F. con la avenida R. y cómo entendimos, treinta años más tarde, que somos provisionales e ínfimos en un mundo descomunal. Con más preguntas que respuestas, y con respuestas que ya nunca —escuchadme bien: nunca, ya nunca— alcanzaremos, con esa palabra siempre colgando que no será dicha, con el horizonte y las manos tapando los neones de un mes que encendió, de nuevo y pese al agua, montes, bosques y argumentos.

26

Madre con su hijo

Mi padre falleció hace cuatro años. Su hermana ahora tiene 90 y su hermano 86. Él hubiera cumplido 82.

De adulto nunca he sido muy asiduo de hacer visitas a los cementerios. Pasé mucho tiempo en ellos de pequeño cuando la visita era obligada con mi abuela y mis tías. Mezclábamos el mundo de los muertos y de los vivos en lo cotidiano y siempre había una línea divisoria incierta entre los que estábamos aún y los que ya faltaban. Comíamos, les rezábamos, merendábamos y acabábamos el bocadillo visitándoles.

Hablábamos de ellos con una concreción tal que no era raro dudar si estaban de un lado o del otro, si iban o venían, si se quedaban a cenar o ya estaban tranquilos en Ceares.

Por pena, por pereza o porque ya había cumplido el cupo de horas, pasada la infancia, no he sido nunca asiduo de volver a los cementerios.

Hasta estos dos últimos años. Quizás ha ayudado ese hermoso entorno de ahora en los Pericones. Ese prau Pintu que se ha remodelado y que dibuja tan bello en las tardes y que hace tan hermosa esta ciudad que tanto nos gusta. Quizás también la sensación de estar en un sitio donde poder estar solo y hasta ausente de mí mismo. En un no—lugar o el lugar de todos los lugares donde no tenga que reconocerme.

Me ha gustado volver a menudo. Ponerme de pie delante de sus nombres, sin prisa, acariciar despacio las vocales y las consonantes, las fechas de la ausencia y las flores antiguas de plástico. Imaginar y recordar y volver a tratar de pronunciar las oraciones que ya me he olvidado y pensar qué significan ahora y qué significaron alguna vez. Quitar algo el polvo de las letras con las manos y contarles bajito cómo va todo esto ahora, de qué va todo, qué queda de todo y si la calle y la familia y las tardes de junio.

Al volver a buscar la tumba de mi padre recordé que su deseo fue que sus cenizas descansaran al lado de su madre. Esa sola línea te hará llorar si lees esto. Lo sé. Es de una belleza terrible. El hombre de setenta años, diagnosticado de una enfermedad pulmonar, sabiendo que se moría, tenía un deseo claro: quería que sus cenizas descansaran al lado de su madre.

Mi abuela está en uno de los pasillos del cementerio. A mano derecha. En el mismo pasillo, pero a mano izquierda está mi abuelo.

Es muy bonita esta imagen.

Primero voy a verlos a ellos, a la madre con su hijo que descansan juntos. Luego cruzo al otro lado y voy a ver a mi abuelo. Aparentemente solu el paisano, con alguna letra caída del nombre, pero tal como siempre lo recuerdo: con la boina y las manos a la espalda en la puerta del taller, con una medio sonrisa y pendiente desde lejos, de todo. Siempre pendiente de todo. Mirando también al otro lado del pasillo, sin dejar de mirar con cariño a su esposa y a su hijo pequeño durmiendo juntos.

Y vas a llorar también de belleza cuando leas esto. El otro día le recordé esto a su hermana mayor. Le quitó importancia. *Siempre fue así,* me dijo. *Le encantaba abrazase a su madre y dormir con ella cuando yera pequeñu. Cuando era neñu y güelito venía a Gijón a trabayar en los confesionarios de la Iglesiona, él siempre se pasaba a dormir a la cama de su madre. Dormía siempre abrazáu a un cobertor vieyu y gastáu. Y el vasín de leche por la mañana lo quería siempre hasta arriba, hasta el borde. Yera un mimosu. Abrazando a su madre. Mamina, mamina. Páxaru, páxaru. Bah bah. ¿Cómo no iba a querer descansar para siempre abrazáu a su madre?*

[27]
Inventario II

Hay que ir más despacio, casi torpemente.
Obligarse a escribir sobre lo que no tiene interés
lo que es más evidente, lo más común, lo más apagado

Especies de espacios. GEORGES PEREC

Orientación de la mesa, creo, 296° NO

(Música: *Smoke Signals.* Phoebe Bridges)

Trípode para móvil.
Limpiador para pantallas.
Un sobre viejo con varias anotaciones algunas a lápiz y otras a bolígrafo: un esquema de una habitación, una regla de tres y varios porcentajes.

Unos libros apilados en la esquina Suroeste de la mesa. A saber:

-Libro de fotografías. *Sinécdoque* (de Muel de Dios).
-Libro. *El libro de los abrazos* (Eduardo Galeano)
-Libro. *Los abogados de Atocha* (Manuel Gallego Díaz)
-Libro. *Los vuelos vespertinos* (Helen Macdonald)
-Libro. *El laberinto junto al mar* (Zbigniew Herbert)

Debajo de ese bloque de libros apilados varias hojas sueltas:

-Protocolo de rastreo
-Hojas de borrador con varias notas en lápiz
-Un trozo de un artículo sobre determinación social (Revista de Salud Pública. Volumen 15 (6). Diciembre 2013.
-Artículo. *Promoción de la salud: ¿hacia dónde vamos?*

(Música: *Graceland too*. Phoebe Bridges)

-Borradores de varios textos de las ponencias de alertas del Ministerio de Sanidad.
-Texto. Primera declaración del Consejo de Expertos del Gobierno Federal (Alemania) sobre covid-19 del 19 de diciembre 2021.
-Un esquema con resumen de actuaciones durante la pandemia.
-Texto del SAGE sobre covid-19 del 18 de diciembre del 2021.
-Documento de actuaciones de respuesta coordinada para el control de la transmisión de covid-19 (Consejo Interterritorial) del 23 de noviembre de 2021.
-Varios correos electrónicos impresos.
-Borrador con textos jurídicos del 2020 y del 2021

(Música: *Lives that are green*. Simon & Garfunkel)

-Programa de mano del Festival Internacional de Cine de Gijón 2021.

-Una carpeta con un documento: *Líneas estratégicas y proyectos de actuación en salud pública 2019—2023*).
-Un informe encuadernado: *Informe para el desarrollo de la Ley de Salud Pública del Principado de Asturias.*
-Una carpeta azul con documentación: *Guía de prescripción social/recomendación de activos para la salud.*

(Música: *Sound and Vision*. David Bowie)

Delante de todo ese bloque apilado de libros y de documentos en la esquina SO de la mesa.

Una pila de libros:
-Libro. *Los relatos*. Ritos (Julio Cortázar).
-Libro. *Cuentos completos*. Volumen 1 y 2 (Julio Cortázar).
-Libro. *The Status Syndrome* (Michael Marmot).
(en medio de ellos una copia subrayada de las películas recomendadas para el FICX 2021).
-Libro. *Poesía reunida* (Juan Gelman).
-Libro. *Los gorriones de Artemio Rulán* (del que anota este inventario).

(Música: *At home.acoustic*. Crystal Fighters)

-*Plan de Salud del Principado de Asturias 2019-2030* (dos ejemplares)
-Libro. *La invención de la naturaleza* (Andrea Wulf)

En la zona central y al fondo de la mesa una pantalla de un ordenador.

Al pie del ordenador: Una bandeja de 15x15 cm con una funda con unas gafas de hace ocho años, una barra de pegamento, un disco duro portátil, un destornillador, dos monedas (20 y 10 céntimos), dos clips, una figura de lego (parece una parte de un submarinista con siete piezas: cuatro naranjas, dos verdes oscuros, una verde claro y una gris. Las piezas naranjas incluyen dos piezas que hacen de aletas).

(Música: *And She Was*. Talking Heads)

De forma dispersa al pie de la pantalla del ordenador: un paquete vacío de chicles, un subrayador fosforito, dos mandos a distancia Technics que no funcionan desde hace unos quince años, un paquete de smints (caducados, si es que caducan), dos toallitas para limpiar gafas, una tarjeta MicroSD, otra funda de gafas (vacía), un pulsioxímetro, varios cables y unos auriculares.

(Música: *La negra flor*. Radio Futura)

En la parte central de la mesa: Una taza con café, un lápiz de dos colores (azul y rojo, afilado a cuchillo como hacía el abuelo), un bic, unas gafas de ver, un cable cargador de móvil, el cable cargador del disco móvil que estaba en la bandeja de 15x15 cm., la caja azul del móvil corporativo, una Moleskine naranja, un código para descargar el Boxer de The National que traía el vinilo, un mail impreso, un documento de actualización de la estrategia de vacunación de Asturias, una bolsa pequeña con una lente para una cámara Fuji que ya no existe, el libro *Las tres dimensiones de la libertad* de Billy Bragg, el teclado y la alfombrilla y el ratón que se utiliza para escribir.

(Música: T*he Whole of the Moon*. The Waterboys)

Hacia la parte Noroeste de la mesa: un ratón (de ordenador, ojo) sin pilas, una botella de agua, un trozo de lacre rojo (una cuarta parte de lo que queda de él), un cargador para un portátil, un portalápices (con al menos quince rotuladores, bolígrafos, pinzas y lapiceros y dos mecheros), un bote de spray antimosquitos.

En la esquina Noreste de la mesa: varias hojas de borrador sobre notas de formación en salud pública, una grabadora, un lápiz del 1 y otro lápiz rojo y azul, una carpeta con notas sobre atención primaria, un móvil cargando y un martillo,

(Música: *When the roses Bloom again*. Wilco.
Billy Bragg)

En el fondo de la mesa (hacia mi izquierda según escribo). Una caja transparente de Ikea (Smala). Encima de la caja una funda de gafas vacía, un recuerdo con una guirnalda que pone «50» (recuerdo de aquella onomástica), un sobre muy viejo doblado con un disco de 3 1/2 (con capacidad de 2 MB) que pone Mamá, escrito a lapiz, dos cartas

(Música: *Cert clar i breu*. Mishima)

a los Reyes Magos que guardé hace años y que nunca fueron enviadas a sus majestades y una carta que nos escribió un niño de Bolivia el 14 de mayo de 1995 y un sobre con la invitación del Área V para participar en el cribado de cáncer colorrectal.

(Música: *Corpus Christi*. La Bien Querida)

Dentro de la caja de Ikea:
—Cables, conectores del portátil a un cañón de proyección, cartuchos de tinta para la pluma, medio folio escrito a mano con unas notas para una rueda de prensa de marzo del 2021 con un agradecimiento a Rodrigo Cuevas, un tajalápiz, cuatro frasquitos unidosis-pequeños de colonia (me los pulverizo mientras continúo el inventario), una figura de un pitufo médico, un lápiz de 4 megas, un botón.

(Música: *Normal song*. Perfume Genius)

En el fondo de la mesa (hacia mi izquierda según escribo). Un flexo iluminando esa esquina noroeste de la mesa. Un tampón con tinta. Un sello antiguo caducado. Dos volúmenes del Diccionario de la Lengua Española. Encima de ellos una foto de mi madre, en un marco verde oscuro (la misma foto que mi padre dibujó y le regaló antes de casarse y que estuvo, mientras ellos vivieron, en el salón de casa de mis abuelos).

(Mientras se termina de corregir el texto suena de música: *Morir o matar* de Nacho Vegas, las *Variaciones Goldberg* de Juan Sebastián Bach y *Cause* de Rodríguez)

La taza de café se ha quedado vacía y ya es de noche. Además de la taza, en el centro de la mesa, está ahora también el libro *Espacios de espacios* de Georges Perec que se ha utilizado para buscar la cita que encabeza el inventario.

Son las 20.44 del 30 de enero de 2022 y cómo ya han pensado y escrito mujeres y hombres desde el principio de la historia no habrá ni un tiempo ni un espacio idéntico a este que ahora mismo acaba de desaparecer y se nos ha ido entre los dedos.

[28]
Lo eterno

Volvieron seis años más tarde al pueblo donde nacieron hace más de ochenta. Pienso en aquel relato del uruguayo de aquel que volvía de un exilio y su lugar de la infancia era el mismo y era totalmente distinto. Ellos no conocían el relato ni siquiera metáforas del exilio. Posiblemente nunca se hubieran marchado del todo. Y posiblemente también ya iban poniendo los guiones suficientes para ir poniendo final a su historia. Coincidieron los dos en la misma observación: *Cuánto han crecido los árboles. Cómo han cambiado. Fíjate en esti roble del campu la iglesia. De críos tenía un agujero detrás donde podíamos escondernos. Ya se ha cerrado el agujero, y están enormes.*

Más eternidad si cabe

Domaba ciertos caminos donde transitar confuso.

Había una timidez superlativa en todo, rozando casi una especie de pánico social, pero con la tranquilidad de saber que todo iría bien. Esto era recurrente en el ánimo de todo el sueño: daba igual lo que pasara porque todo al final era correcto [recuerdo aquello de los griegos con lo que todo es designio de los dioses, una especie de templanza final para asumir que pase lo que pase es lo que tendría que haber pasado].

Había manchas de colores, en un recorrido por la costa del país que abandonábamos, eran claramente de colores, aunque el sueño pudiera estar en blanco y negro.

Ardía el pecho y la imagen era que el único lugar del mundo estaba en el asiento de atrás de ese coche cruzando la isla. Mi padre y mi tío cantaban boleros en los asientos de adelante y mi tía y yo describíamos entusiasmados el paisaje y los letreros de los pueblos que íbamos atravesando. Nos sabíamos mortales. Y sabíamos que nunca íbamos a irnos de aquel coche y de aquellas risas juntos allá.

Vuelvo a menudo a ese mismo asiento de atrás del coche. Y la sensación de ser siempre un niño miope de doce años mirando un mundo fulgurante a punto de desaparecer.

30

José Tomás

Vamos a pasar por su vida sin saber casi nada de lo que ha pensado durante sus ochenta y seis años de vida.

Fuma despacio, en la silla del salón de casa de sus padres. Mirando a la calle que crece con él. Cabecea, duerme un poco, se despierta, tatarea un poco y echa de nuevo un pitillo.

Apenas tiene nada. Un armario con poca ropa, algunos objetos en la cabecera de la cama y un cajón del que haremos inventario algún día.

«Me despierto muchas veces por la noche hablando. Y muchas más veces cantando. En sueños me pongo a cantar y me despierto cantando».

Mira la calle: y los mármoles y las lindes y los pastos y las tiendas y el vado y las teselas y el recorte de luz y los tejados y los alfeizares.

«Y casi todes les noches sueño con que estoy trabayando en el taller. Me levanto agotau. En la vida había trabayao

tanto. Esta noche hice cajoneres, la otra armarios y cames. Su madre».

Nombra a todos porque la vida, llegado un momento, es un barullu y uno ya no sabe quiénes se han ido y quiénes quedan. Echa el humo, a contraluz, como un centauro del desierto.

«No somos nadie, no. Y en calzoncillos blancos menos».

31

Animula, vagula, blandula

(I)

Era su deseo que sus cenizas descansaran con su madre. Tenía buen vínculo y mucho cariño a su padre. Recuerdo perfectamente el día que murió el abuelo y salió a besarnos llorando al rellano de la escalera. Pero en sus últimas voluntades quería descansar al lado de su madre.

La imagen es la del niño que nunca dejamos de ser buscando a la madre que nunca hemos perdido. Y ahora que se inicia ese último viaje —o primero según autores— el quería estar cerca de aquel chal lila que tan bien gastaba la abuela y de aquella voz tranquila y suave que meció su infancia y la nuestra. Ahora que inicias el descenso a pálidos paisajes, quien sabe si alejado o no de juegos de la infancia, no querías hacerlo lejos de tu madre.

Abrir la pared del cementerio y que la urna de cenizas del niño—-anciano repose al costado de su madre. Pienso en Berger y en el fosfato de calcio y en la belleza de la luz de abril acariciando el musgo y las paredes manchadas del cementerio. Hasta la eternidad será efímera. Pienso en la

poesía que deben de tener el fosfato de calcio y las cenizas
para no perderse nunca de vista en la eternidad.

(II)

La tía Ana besa a su hermano para despedirse. Acaba
de quedarse dormido apenas hace unos minutos. Ella tiene
86 años. Ella recuerda perfectamente la mañana de mayo
cuando, volviendo del colegio en la aldea, su hermano pequeño había nacido. Recuerda que se lo enseñaron recién
lavadito y llorando aún. Asombrado y asombrada. Y le dio
su primer beso. Han pasado 77 años entre aquellos dos besos, un postguerra, varias guerras por el mundo, cientos de
hambrunas, estrellas que han aparecido y desaparecido en
lugares que no podemos ni imaginarnos, vasos rotos, millones de besos y de cuerpos rompiéndose de placer, hijos que
han crecido, cambios de civilizaciones, millones de personas
atravesando territorios, gestos repetidos de limpiar las migas de la mesa, subir escaleras, mecer canciones, noches de
insomnio, la puta energía de los esclavos que se jubilan para
morirse, los miles de alegrías y de tristezas inmensas, han
cambiado los mundos y los cuerpos, se han escrito todos
los poemas y las historias de nuevo, las mismas que vienen
escribiéndose desde el principio del tiempo, se han muerto
los dioses y han renacido fariseos y meapilas, han vuelto al
trono los poderosos pero también han tomado el rumbo
los desposeídos de la tierra, ha vuelto a llover y con algunas
debilidades las estaciones han seguido tomando el curso que
les corresponde. Pero entre todos estos años ella sólo recuerda aquel primer beso, que parece que fue ayer, y este último,
que parece que será siempre.

(III)

Es muy importante aprender a despedirse.
Nunca están bien preparados nuestros cuerpos para ello.
Alguien debería poner una asignatura sobre esto en algún
sitio.

Cuando besas el cuerpo minutos antes o minutos después del último hilo de vida no sabes apreciar muy bien la
diferencia: qué ha pasado, dónde está el truco y qué es lo
que va a pasar a partir de ese momento. Siguen reposando intactas las gafas en la mesita y pierde calor la almohada y la piel. ¿Se fuga el alma?¿Dónde?¿Importa realmente
dónde?¿Lo acogen dioses paganos en algún lugar?¿Se queda
para siempre adherida a los objetos cotidianos?¿No se queda
nada, pero se quedará en todo?

Es importante despedirse y acomodar este otro cuerpo
que quedará vivo durante unos años o unos meses más —
este que escribe— acomodarlo en aquel que está comenzando a desaparecer. Reposar la cabeza en su pecho y llorar. Es
importante llorar y hacerlo sin contención ni pudor. Apoyar la mejilla contra los costados que deja el otro cuerpo y
tocar despacio por última vez las manos que guiaron otras
manos durante tantos años. Tratar de llevarse algo del tacto
que aún queda en esas manos y algo de todo lo que quisieron y acariciaron esas manos antes de irse.

Lisboa. Lost in translation

El aire pesa menos
en portugués
que en castellano
Dos vocales menos:
Ar

[33]
Herencia

Hija, hijo:

no tengo mucho que dejaros. Apenas he viajado como
para contaros historias y aventuras, y de los pocos viajes que
he hecho tengo un recuerdo extraño que no es fácil resu-
mir y anotar en papeles: no sé cómo os podría transmitir la
transparencia que tenía el aire en Uig o el sonido de aquella
tarde en Dajla o el reencuentro de los amigos a la salida de
Tariquía o la línea de luz que bebimos juntos y con mamá
aquel día tan bello y eterno en Fuerteventura.

No soy bueno en ningún deporte ni poniendo enchufes ni arreglando cisternas ni cambiando ruedas. Tengo las
manos torpes para cualquier habilidad que precise cierta efi-
cacia. Me he pasado la vida entre libros, pero tampoco soy
un experto en ninguno de ellos. Ni siquiera he leído todos
ni he leído bien todos los que debería haber leído. No ha-
blo bien ningún idioma y me fatigo en las cuestas. Aún me
pongo colorado al hablar. No sé nadar. Soy inconsistente e
incoherente, todavía tengo algunos dientes de leche y no

soy nada sólido. Hubo alguna vez que sabía algo de cine o de algún tipo de música, pero lo he ido olvidando todo poco a poco.

Trato de cuidar, pero no soy muy bueno cuidando y no estoy tan pendiente como debería de aquellos que me quieren y quiero. Y a muchos los he perdido. Alguna vez hice el cubo de Rubik en menos de un minuto, pero ahora mis dedos crepitan y no bajo de dos. No sé tocar ningún instrumento y no tengo ni buen oído ni regular voz. Heredé del abuelo y de la abuela una melancolía congénita que en algunos libros llaman ñoaranza.

Manejo, no obstante, con bastante eficiencia mis limitaciones. Y todas ellas me producen una ternura exquisita. Las colecciono como animales domésticos y nos reímos mucho unas de otros.

Soy solamente bueno en mirar al mundo y quedarme callado observando con detalle cómo pasan algunas cosas. Soy solamente bueno en silencio y en escuchar cómo pasan algunas cosas. Soy solamente bueno en daros abrazos largos y en silencio. Soy solamente bueno, un verdadero experto, en acariciaros el pelo y deciros que el mundo anda lleno de belleza por vosotros.

[34]
Paredes

Pongo sumo cuidado al pintar tu habitación.

Pongo sumo cuidado también cuando te lavo la cabeza o cuando te la acaricio, al final del día, cansados y tirados los dos en el sofá viendo alguna película vieja. Pongo cuidado incluso al mirarte, aunque tú no me mires.

Intuyo que además de las palabras y mandatos —recomendaciones bobas de padre inexperto que te doy— todas estas otras cosas también se te queden grabadas. El tacto de la mano en la nuca y las risas juntos o la emoción de ver otra de Cary Grant o cadáver a los postres. También las broncas y las rabias o la importancia de abrazarse fuerte cuando uno tiene ganas de llorar o está cansado.

Siento no ofrecerte deportes de riesgo —incluso sin él— ni aventuras desbordantes por el mundo. Ni demasiada acción, y más bien poco ritmo. Pero tengo la esperanza que todo esto se te prenda y también te sirva algún día para tomar decisiones y emociones.

Pongo sumo cuidado al pintar tu nueva habitación.

Como si también fuera una forma de cuidarte y acariciarte.

De cuidarte desde lejos.

Como quitaba yo de pequeño las piedras del camino del pueblo para cuando llegara el abuelo. Para que encontrara todo bien preparado. Despacio, con calma, disfrutando del sol de agosto, oliendo, viendo pasar el mundo con calma y ternura.

Hay varias cosas que debería decirte. Como que el tiempo pasa bien rápido. Como que, aunque esté aquí sigo prendido en muchas cosas de esa infancia en la que ahora estás. Como que aún tengo el tacto de lo que llevaba en aquellos bolsillos. Como que todo es complejo, pero eminentemente bello. Como que esa sensación de tomar aire y correr y correr. Como que el sol en las paredes del verano y la lluvia de invierno. Como que las calles del barrio. Como que el olor del chal lila que gastaba mi abuela. Y así.

[35]
La Memoria
del Carpintero

Pienso mucho
en las torres que aún
no ha gastado el viento,

en las bisagras de sal,
en el cerco
que dejan los objetos
y la uña de plata
en el océano
de los vasos.

Pienso mucho
en la tibieza
de los tendones del circo,

en los neones
de las gasolineras
y en las estanterías
del tiempo.

Pienso mucho
en las texturas
domesticadas
del miedo y la felicidad,

en la coraza del vértigo,
en puñales blancos
y abismos cárdenos.

Pero sobre todo
pienso mucho
en tu rostro
y la última vez
que vivo
lo besamos:
viernes,
18 de julio del 2008,
a las nueve de la noche.

Aleph de tránsito

Hay un lugar perdido a partir de la puerta B40 en la
Terminal 1 Un no-lugar Un lugar sagrado donde puedes
ver un Aleph

No hay escalón ni casa en Frey Bentos ni la versión in-
glesa de Plinio ni el día contemporáneo de la mujer de In-
verness ni Querétaro ni la baraja española ni hormigas ni las
baldosas de Cuenca ni el laberinto de Londres ni caballos
recetas o el Mar Caspio El Aleph en este lugar es más frugal,
un lugar de tránsito: si te lavas las manos en el lavabo más
cercano a la puerta puedes aparecer en un servicio del Mi-
llenium Park en Chicago o en aquel otro extraño subiendo
por Sullivan desde Washington Square o quizás aparezcas
santiguándote en una casa a la que no has vuelto en treinta
años o deletreando perfectamente los libros que leíste hasta
los quince Lo más común no obstante aquí es comprobar
que el corazón tiene ocho partes a saber dos aurículas dos
ventrículos una mitad derecha una mitad izquierda luz y
sombra Lo más corriente mirando fijamente este Aleph es
comprobar que cada una de las partes así se divide en ocho,

hasta el infinito, hasta que las manos se ponen arrugaditas y el ánimo hermoso y se pierden los aviones y el desánimo y amanece primavera

[37]
Atlas

Eso tiene que ver con los cristales, con la soledad del perro aullando en la calle, esa hagiografía de ladrillo negro o kibbutzs del deseo. De la tristeza insomne al sueño acompañado.

Probablemente, sin que resulten heridos ninguno de los protagonistas del cuento, lo importante — decía Norton— no es que la historia sea verdadera, lo importante es que la historia tenga la capacidad de conmovernos.

(está atardeciendo en la terraza de la casa en calle Y. número 128 o 126 según se mire el buzón:
hay una botella
de
vino en la mesa y una caja vacía que llevaba una
estrella;
un abanico girando
y el ruido de la calle
y el norte como
una gran aspiradora
una bestia ladrando triste o hambrienta

o ladrando sólo por atributos
de ser bestia;
los manteles de la comida
sobre el cristal;
la belleza,
este trocito de papel doblado sobre la mesa;
dos zapatos sin pies;

diez sillas sin sueño
y una escribiendo grama verde en el tacto;

mosquitos;
olor a humo;
cenicero con cuatro colillas;
la melancolía de anticipar despedidas;
la mano que escribe es una forma
tímida de acariciar el mundo;
el aire con vetas de mar;
una picada en el tobillo izquierdo;
un discreto olor a sudor,
arrastrando todavía
el sueño cruel del hospital
de esta mañana;
el tiempo lento;

la sombra del bolígrafo;
la noche y el barrilito lento
bola de humo al paladar
o ladrillo negro o tiro de sal al estómago;
el deseo final, ahí aquella foto,
casi un siglo después)

Abrazo largo
ayer en el garaje
calle donde la grama
sigue bien alta.

[38]
Just for one day

Conseguimos todos los discos de Bowie en Alcampo.

Había unos cajones enormes donde subíamos periódicamente a recorrer las filas y encontrar aquellos que tenían una pegatina con una exclamación en su portada. Serie media. Clase media baja. Estratificación social.

Fueron apareciendo todos después de un período temporal que no acierto a recordar (¿fue todo en un verano? ¿duró la búsqueda varios años?¿no ha terminado aún?). Fueron apareciendo todos, quizás de esta manera y sin seguir el orden cronológico de publicación: *Let's Dance, Heroes, Hunky Dory, Aladdin Sane, The Man who sold the world, Low, Space Oddity, Pin ups, Diamond dogs, Lodgers, Young americans, Station to Station, Scary Monsters*.

Entre medias llegó *Tonight*. Y también *This is not America* y *Absolute Beginners*. Abandonamos la búsqueda para empezar otras tras el *Never let me down*. Y aquella otra noche tuvimos oportunidad de verlo en Gijón: medido, correcto, impecable pero frío. Lo jodidamente frío que tocan algunos cuando vienen a tocar en provincias.

Cuando volvíamos a los cajones de discos de Alcampo siempre sabíamos donde habíamos dejado el disco que buscábamos. Los dedos gastados. Pasabas rápido subías un poco el disco, girabas para ver cuánto costaba o leer créditos. Las portadas. Comprar un disco sólo por el título o la portada *(Love not money, Rattlesnakes)*. La mierda de que ninguno llevara letras y que nos hemos pasado una puta vida soñando canciones —metáfora— sin saber qué cojones significan. Rascar los bolsillos y compartir el dinero para comprarlo. Era una colección compartida, aunque Raúl —os mentirá y dirá lo contrario— se ha quedado la inmensa mayoría. Bajar en el autobús con el disco y sortear quien se lo llevaba para escuchar primero. No lo rayes capullo, cambia la aguja de esa mierda de una vez. Y llamarse para comentar la uno, la cinco, la cara B.

A Raúl se le murió el padre siendo un crío. Hace ya unos años nos recordaba que tenía nuestra misma edad cuando murió. Aquel día todos nos quedamos huérfanos. Y la puta música fue una banda sonora desde entonces. A veces no era bajar a la calle. Era ponerle una buena música a un trozo de vida.

Spotify y lo de ahora son simulacros. Aquello eran procesos. Y los discos bajo la mano subiendo y bajando Schultz, haciendo un surco en el vinilo de la ciudad de la que nunca nos iremos porque siempre hay alguien que tiene que poner de nuevo la tercera canción de la cara A.

La estirpe

Vuestro abuelo los llama *gelipollas*. No sabemos si por dislexia tardía o porque no han llegado a merecerse el calificativo de gilipollas. Son airrebundos de pompa y afrásicos de abondo. Su cohorte ocupa una manifiesta epidemia, endemia o pandemia: Según estaciones, países o ciudades. A veces comprenden brotes aislados de fácil control. En difíciles ocasiones la transmisión afectará alguna faceta de tu vida y tú, pese a las instrucciones prescritas, asumirás sus rasgos y síntomas. Mal asunto pero previsible si nos entendemos realistas. Son emprendores y manifiestos. Desgraciadamente suelen dar la cara. Tratan de joder de día y arrechinar de noche.

Empeñeran en solventar malas ideas y refinadas y malditas actitudes. Coquetean, asumen, fingen, pululan, sorben, copian y emulan. Ensañan muecas de espanto y virtuces de asueto que refullan de mañana, aloman de tarde y despuljan de noche. Perturban telediarios y páginas completas de los diarios. Pueden trabajar de todo. Ocupan cargos, andamios o consultorios. Escriben libros.

Componen música. También compran libros y compran música. Porque los *gelipollas* dan de comer a otros *gelipollas* en un círculo imperecedero y arcaico que se remonta a la mañana de los tiempos. Asumen y postulan la conturbancia de cohortes de *gelipollas* (de *gelipollas* tanto o más que ellos) y que les siguen prosaicos y distibulados, asumiendo su petulancia de discípulos cuando podrían ser más *gelipollas* que el *gelipollas* magno padre o la *gelipollas* harta madre.

Montan academias para fomentar la retronancia de otros *gelipollas* y hacer del tema una ortáxica fundación o una contumaz disonancia que acabará modificando su más simple y elemental cadencia genética. Viajan en autobús, en AVE o en taxi. O toman trenes o puentes aéreos. Mascan chicle o fuman refruantenemente. Les encanta ponerse apellidos y jugar a los títulos. Crían y veneran *gelipollas* en la oscuridad que algún día verán la luz, y arreciarán la clandestinidad de su estirpe. Si te contagia algún día el paradigma posa despacito tus codos sobre la mesa y respira hondo dos o tres veces seguidas. Se te pasará. Si el paradigma se te posa enfrente y te encuentras con un verdadero o verdadera *gelipollas* sigue el consejo. MíraleE despacito a los ojos, al centro de los ojos. Y cuando lo tengas bien mirado, sólo cuando lo tengas bien mirado, masca un insulto entre molares y sóplale despacito entre las cejas. El *gelipollas* prosaico se romperá en dos como el cristal.

[40]
Breve informe médico

Guardo los gorriones en libretas.

Al más hermoso de todos lo tengo en una libreta radiante. En una de sus páginas está anotada la lista de una compra: jeringuillas, intramusculares, subcutáneas, gasas, betadine, colonia, un pañuelo, flores, una libreta, lápices, pañuelos, más pañuelos, tila, un ladrón, pañales, un libro y una película.

La letra no tiembla en esa libreta. Podría ser la misma letra con la que hacía esquemas en la clase o con la que dibujaba poemas en otoño. La misma letra larga con la que nos devolvíamos las cartas en verano.

La libreta guarda más gorriones: una mañana de julio y todos los objetos que tenía la mesa cuando eran las 10:00 AM, el perfil del mundo el día que te fuiste, los acontecimientos más tristes de los últimos diez años y los más ridículos desde el día en que nací, las mentiras que ensayamos para despedirnos hace veinte años y un dibujo torpe de aquel árbol que tanto nos gustaba y talaron.

En la hoja de la izquierda está la lista de la compra. En la derecha, sin temblar el pulso, con la misma letra, la dosis correcta de haloperidol, metamizol, dexametasona o dormicum.

Te fuiste tres páginas más allá. En la siguiente hay un esquema ridículo de hitos y acontecimientos vitales. En la siguiente un listado de palabras clave tomadas aleatoriamente de varios poemas. En la siguiente un texto de tu película favorita. En la siguiente un papel doblado, una hoja rayada, con letra en tres líneas que aparenta un haiku vanguardista:

Exitus por I.R. 22.40 h.
Carcinoma de o. desconocido
con mtx óseas

Días alciónicos

«Días alciónicos, solsticio de mi vida...»
Memorias de Adriano. MARGUERITE YOURCENAR.

Nací en los lindes de la compasión de los dioses. En esos días de principios de invierno que se reservan para guardar a los más débiles.

Alcyone era la hija de Eolo, domador y dueño de los vientos, y de Enárete. Ceix era el hijo de Eósforo y rey de Traquis. Alcyone y Ceix eran felices, se amaban. Quizás en aquel tiempo no se había inventado aún la palabra amar. Quizás no fuera un único verbo, una sola palabra o quizás no la tuvieran para designar lo que ahora domesticamos en letras. Pero Alcyone y Ceix, padres de Hípaso e Hilas, se amaban.

En ese ensimismamiento de su felicidad obviaron lo cotidiano y decidieron darse nombre de dioses. Ella le llamaba Zeus y él la llamaba Hera.

Como ocurre en todas las religiones los dioses odian la felicidad ajena y más odian aún que ésta aproveche para tomar su nombre en vano. Por ello, lejos de amables precipitarse desde los cielos y suicidarse en carne mortal, decidieron castigarles: el barco en el que Ceix navegaba naufragó; Alcyone al enterarse de su fallecimiento se arrojó al mar.

La venganza no fue total ni completa y en algún momento, quién sabe, la mano extendida de Alcyone en el agua, un trazo de luz, un recuerdo de infancia que hasta tienen los más lejanos, en algún momento, quién sabe, los dioses se conmovieron. Compadecidos devolvieron la vida de Alcyone y de Ceix en forma de alciones, en forma de martines pescadores.

Dicen que los alciones ponen sus huevos alrededor del solsticio de invierno. El mal tiempo y los vientos gélidos de esos días dificultaban que los nidos y los huevos prosperaran y que las crías de Alcyone y Ceix pudieran sobrevivir. Eolo solicitó una tregua para sus nietos: sólo siete días antes del solsticio, sólo siete días después del solsticio.

Los días alciónicos. Un tiempo de compasión y perdón de los dioses para que la naturaleza fuera clemente con los alciones. Días de calma y de gloria, sin viento, de sol de invierno para curar lo pequeño y frágil. Días de tiempo detenido y de reconciliación con la belleza.

Nací en los lindes de la compasión de los dioses. En esos días de principios de invierno que se reservan para guardar a los más débiles.

[42]
Aniversario. Zoila

El pasillo sigue lleno de azaleas y nomeolvides. La Milagrosa disparando rayos a lo Spiderman en el calendario.

El tiempo nublado no nos importa. Sabemos, lo aprendimos en esta cocina, que, aunque no lo veamos, debajo, el azul es una locura.

Este verano hemos vuelto a Maycomb. Scott ha crecido. Nosotros también. El mar sigue inmortal y sigue curando.

Hemos puesto una flor y un beso para ti en el mercado donde te dejamos con Eliza Doolittle. Fue una tarde muy hermosa, pero el tiempo se puso triste cuando me di cuenta que nunca te llevamos allí.

Cantan los pájaros a todas horas. Se nos llena de gorriones el patio. El otro día tuvimos uno en el salón. Se asustó tanto como nosotros. Casi dejamos la casa para no molestarlo. De cerca son muy pequeños y extremadamente frágiles. Cojeaba. Los amigos le esperaban fuera inquietos. Al final salió. Voló.

Se te echa de menos. Aunque estás más presente que nunca. Ahora los teléfonos se obstinan en recordar las fechas que nunca cuidé. Tu nieta se parece mucho a ti. Me hubiera gustado mucho que hubieras conocido al segundo. Tiene el carácter fuerte, pero la piel muy suave. Los dos se hacen preguntas. Él dice que quién le trae el regalo al Ratoncito Pérez. Ella que quién creo a Dios. Todos nos preguntamos cómo andarás.

Sigo intentando dejar de fumar casi todos los días. Apenas leo y he apartado la poesía. Pero sigo tratando de mirar el mundo con calma y asombro.

Nos manejamos con belleza en este mundo que sabíamos iba a ser complejo. Y pese a la complejidad seguimos hacia delante.

Me he dejado la barba muy larga. Tu hija dice que he envejecido varios cientos de años. Tengo un hueco en ella para guardar gorriones. De ahí sí que no se escapan nunca.

Un poema en el bolsillo

Llevo un poema en el bolsillo.

Lo utilizo como hicieron Hikmet y Gloria.

Me paseo por las calles con él bien guardado. Compro el pan y arranco el coche con él. Lo enseño para mirar al cielo y para cruzar la calle, para tomar el número en la carnicería y peinar a los hijos. Con el poema en el bolsillo bajo las persianas, acaricio a mi mujer y cierro los libros. El poema me sirve para pedir fuego y agua. Hace de pañuelo, de luna y de cama. Es un espejo. Es la caja tibia donde guardamos el viento.

La poesía es la herramienta que tenemos para tratar de explicar, inconsistentemente, todo lo que pasa ahí fuera. El mundo entero cabe en mi camisa: en este esquema imperfecto de vocales y consonantes. El poema en mi bolsillo lleva las mismas preguntas que ya hicieron las mujeres y los hombres de todas las edades.

No es un buen poema. Literariamente nadie lo señalará como excepcional. Pero me ayuda a tomar el café y la luz todas las mañanas. El poema dice así:

Reúno en un trozo de
pan todo el alimento que
suma,
semillas, el tomate puro
y el aceite.
El movimiento de mi muñeca
sobre el plato
imita a un universo efímero.
Canta un pájaro.
En este trozo del mundo
cantan pájaros a todas horas.
Los días son anchos de luz.
Dentro de nada comenzarán a acortarse.
Así mi vida.

[44]
Sacramentos

Kirmen Uribe recupera aquel gesto de un pescador despidiéndose desde lo lejos de su hija. Pasaba despacio la palma de su mano sobre el dorso de la otra. Sin palabras le decía *maite, maite* (te quiero, te quiero, cariño, cariño).

Tu padre os duerme posando suave la yema de los dedos alrededor de vuestros ojos, diciendo p*axaru, paxaru, paxarín, paxarín*. Así lo aprendió de su abuela y ella probablemente de la suya.

El abuelo Diego anunciaba que se había levantado de la siesta rugiendo como un tigre. Los nietos ya sabían que era el abuelo, pero aun así continuaban al rugido con gritos de auxilio que siempre terminaban en risas por toda la casa.

Artemio Rulán se santigua siempre que entra a bañarse en el mar: *Respeto que le debo al único Dios que me resta*, dice.

Acaricio por defecto bordillos y fachadas en ciertas calles. Trato así de llevarme sus señas en la memoria futura y devolverles mis huellas de la nostalgia pasada.

Raúl cuenta, me dice Lucía, que a los perros hay que acariciarlos muy suave en la cabeza. Que eso les encanta porque recuerdan cuando, siendo cachorros, su madre les lamía despacito para calmarlos.

La compasión

La compasión

De pequeño, cuando era muy pequeño, tenía una inmensa lástima de aquellas personas que usaban gafas. Me inspiraba una hermosa y terrible tristeza verlos con aquellos cristales que, imaginaba, no les dejaban ver el mundo como merece ser visto. Los motivos de esta infantil melancolía podrían ser varios: imaginemos que sea una melancolía congénita (probable) o bien una melancolía desencadenada por aquellos ojos cansados, velados y brillantes, que tenían los abuelos paternos que me cuidaron en la niñez. Imaginemos, probables, una combinación de ambas posibilidades.

Bien. A los siete años me diagnosticaron solemnemente aquel mismo mal y me plantaron unas gafas de dos y uno con cinco dioptrías. La primera vez que me las puse me las calcé por la cabeza como si me estuviese poniendo una chistera de prestidigitador. Ya empezaba a hacer magia y malabares intuyo.

Mi madre se alarmó y hasta le saltaron lágrimas. Poniéndose exageradamente en lo peor, compró nueces y vitaminas que le habían dicho en la panadería era lo mejor para que el epidémico crecimiento de mi globo ocular no fuera a más. Yo me puse serio, me estaba peinando en el baño, lo recuerdo perfectamente, tenía un flequillo espantoso que casi me tapaba la frente.

Me puse serio y le pregunté que si me ponía tan triste viendo a personas con gafas cómo iba a soportar mirarme a partir de ahora, miope como ellos, todas las mañanas en el espejo. Le pregunté, profundamente serio, con el pelo oliendo a frasco de colonia de un litro, cómo íbamos a hacer para quitarme toda esa tristeza-de-mí-mismo que me estaba entrando de repente. Me volví, la miré y pregunté que si también en la panadería le podrían dar alguna solución para eso.

Seguimos esperando, ella y yo, respuesta.

[46]
Hermanos

Sí, la infancia siempre será el estado subversivo del hombre

Victus. ALBERT SÁNCHEZ PIÑOL

Para Isa ~~43 años~~ ~~51~~ 52 años creciendo juntos.

Nuestro padre bajaba las ventanas del coche y ponía la música a todo volumen. Mamá chasqueaba la lengua y encogía la nariz mirando la carretera. Sonreía contenta cada vez que entrábamos en su casa, en La Rioja. Esta es mi casa. Estaba comenzando a despedirse. Le quedaban una docena de miles de días. Claro. Nadie podría saber nada, pero ya comenzaba a despedirse de nosotros.

Pero siempre jugábamos a eso. Siempre jugamos a despedirnos. Con esa ñoaranza y comedia de rodillas manchadas de patio.

Cada encuentro es una despedida. Cada despedida es un encuentro. Y allí dentro lo sabíamos pese a ser unos críos jugando a contar coches rojos y señales de tráfico. El sol caía diagonal sobre las ventanas y subía el puente de mis gafas para no perderme nada de un mundo que pasaba tan rápido.

Cada encuentro es una despedida. Cada despedida es un encuentro. Esto lo aprendimos más tarde en la calle

Cuenca y en Zoila. Y en ciertos barrios con lluvia. Y en la primavera de ciertos cuerpos luminosos. Y esos perfiles del mundo donde uno es capaz de cruzar el pecho con unos dedos tiernos. Es necesario así cuando no hay palabras. Yo era Walter Mitty y Danny Kaye y ya apuntaba ausencias. Tú el Fantasma de la Ópera o los Crímenes del Museo de Cera. Y Rebeca. O aquella impronunciable en la que llorabas a mares.

Crecer y hacerse adultos viene siendo esto. Cada encuentro es una despedida. Cada despedida es un encuentro. La nostalgia que descubrimos, la ternura de un cuarto, tres metros cuadrados de belleza, la serenidad, el silencio, el misterio de la sangre en los hijos, las certezas y los miedos.

Todo lleva la misma textura que tenía el mundo aquella tarde dentro del coche: la luz en tu mano, mamá, papá cantando.

El cielo se combaba como una campana que abarcara bajo su copa al barrio entero. Para ir a cualquier parte, teníamos que atravesar el cielo. Alrededor, en las cercanías, sólo había tres lugares: la tienda de ultramarinos, con la panadería anexa, el dispensario y la comisaría de policía. A la primera iba yo solo, con el dinero en la mano. Estaba calle abajo, justo al otro lado del muro de gelatina del cielo. Cruzaba armándome de valor la gelatina azul, de un grosor de dos o tres metros, y salía afuera, donde no había cielo sino un vacío ceniciento. A la vendedora le asombraban siempre las gotas azules que salpicaban mi pelo y mi ropa tras atravesar el muro de gelatina azul.

El solenoide. Mircea Cărtărescu.

[Primer epílogo]
Recuerdos 2020–2021

Recuerdo cuando firmé, a última hora de la tarde, el viernes 13 de marzo de 2020, la resolución en la que se detallaban las medidas excepcionales relacionadas con la covid-19 en Asturias. Llevábamos todo el día reunidos. Eulalia Fernández, la secretaria general técnica de la Consejería de Salud, me pidió salir de la reunión en la que estábamos todo el equipo directivo con el Consejero. Ya era de noche. Me senté en una mesa redonda que hay en la esquina para firmar el documento. «Se cierra Asturias», pensamos.

Recuerdo que todas las semanas habían sido muy intensas, especialmente aquella última, anticipando el ritmo de trabajo de lo que fueron los meses de estos dos años. Ya se habían ido tomando decisiones como el cierre de diferentes centros educativos en los que hubo casos. La noche del 8 de marzo se tomó la decisión del cierre del primero. Recuerdo aquella conversación nocturna con Ismael Huerta, jefe del Servicio de Vigilancia Epidemiológica, para valorar la situación. Recuerdo a Isma aquellos días, y todas las semanas de después, con dos o tres teléfonos sonando sin parar, e Isma contestando: *«Vamos a ver...»*. Recuerdo que el lunes hubo varias reuniones con la Consejería de Educación y con todas las direcciones de los centros educativos para informar de la situación. Recuerdo que llovía y que pensé que la gabardina que llevaba iba a quedarse siempre en mi imaginario como la gabardina de la pandemia. Recuerdo aquella noche hablando con Mario Margolles y solicitándole que necesitaríamos su ayuda.

Recuerdo su «sí» inmediato y sin peros. Un sí rotundo que escuché muchas veces más durante dos años, pronunciado por diferentes personas comprometiéndose a trabajar en la pandemia: Pepe, Pablo, Ana, Mamen, Charo, Luismi, Bea, Miguel, Jose, Nacho, Josina... cientos más. Los que ya estaban en Salud Pública y los que se fueron incorporando. Recuerdo que el martes falleció la primera persona por covid en Asturias. Un religioso de un centro educativo. Tengo el mensaje de las 8.56 del 12 de marzo cuando escribí a Fernando Doménech, director del centro, para poder hablar con él y trasladarle que comunicara a la familia la importancia de limitar los contactos en el velatorio porque no sabíamos con seguridad a lo que nos estábamos exponiendo. Recuerdo la enorme serenidad y comprensión de Fernando con la situación. Recuerdo con mucha preocupación las imágenes de Italia y de Madrid.

Recuerdo contestar mensajes de compañeras que trabajan en centros de salud y en hospitales, su miedo, su incertidumbre, su rabia a veces, pero sobre todo su enorme compromiso con la sociedad y sus pacientes. Infinito compromiso. Las recuerdo bien a ellas y recuerdo bien, aunque no las conozca y no las haya visto jamás, a todas sus familias. Recuerdo a mi familia día tras día de aquella semana, cuidando, anticipando lo que serían estos años. Recuerdo hacer declaraciones a los medios y recuerdo que estaban las preguntas que me hacían en abierto y las otras preguntas, las personales y de la incertidumbre, las que me hacían cuando se apagaban las grabadoras, las preguntas que nos hacíamos todos. Recuerdo a Alicia Blanco, secretaría de la Dirección General, 24 horas disponible. Recuerdo las conversaciones el jueves de aquella semana con Paloma Navas —directora de salud pública de Cantabria en aquel momento— en las que nos comentaba la posibilidad de poner en marcha medidas extraordinarias de cierre de actividad y de cómo nos envío el primer texto de su resolución, que también publicaron en Cantabria el viernes 13.

Recuerdo que Paloma me planteó la posibilidad de contar con el Ejército y recuerdo que Esperanza Alonso, responsable de salud laboral en Salud Pública y teniente de los Cuerpos Comunes, me explicó todas las posibilidades de dispositivos, hospitales de campaña y recursos que tenía el Ejército y que podíamos solicitar. Y me recuerdo bajando con Esperanza, pocos días después, durante el confinamiento, cruzando un Oviedo vacío, desde el Calatrava a Plaza España, entrando en las dependencias de Delegación de Gobierno para tener una reunión con las diferentes fuerzas de seguridad del Estado y pensar que todo aquello no podía estar pasando. Y recuerdo haber pensado ese momento en el poema *Que venga el poeta*, de León Felipe.

Recuerdo el trabajo inmenso de las fuerzas de seguridad del Estado y las conversaciones diarias con Enrique Nuño, de Delegación. Recuerdo el compromiso de los grupos políticos, incluso aunque a veces pareciese que tuvieran que aparentar no estar de acuerdo, porque eso es lo que toca en lo que a veces son teatrillos lamentables de nuestra democracia. Recuerdo comenzar a hablar esa semana con Alejandra Fueyo, directora de un cargo muy largo del Sespa cuyo nombre aún no me he aprendido –hermana y compañera que ha sido fundamental estos meses junto con el resto de equipos directivos del Sespa– de la importancia de tener un sistema para organizar la mejor atención sanitaria por niveles y en diferentes dispositivos y que cada paciente fuera atendido en el mejor lugar que necesitara. Recuerdo a Conchita Saavedra, pulso firme al timón, diciendo que no nos preocupáramos por las PCRs, que en micro en el HUCA tenían una técnica propia que nos iba a garantizar autonomía. Y recuerdo, aunque esto es una combinación de imágenes posteriores que quizás nunca existieron, a Santiago Melón tocando una guitarra y diciendo que lo estábamos haciendo muy bien, pero que no se nos fuera la pinza con los cribados. Recuerdo la reunión con UNGA y la tranquilidad y seguridad de Román y Marlén. Y el trabajo que se comenzó a realizar, desde diferentes entidades, con las personas más vulnerables.

Recuerdo a Adrián pidiendo una americana antes de la rueda de prensa en el HUCA, cuando se comunicó el primer caso diagnosticado, y recuerdo su carácter y su espíritu de la cuenca que tan necesarios y fundamentales han sido, y la suerte que hemos tenido de contar con él como presidente de nuestra comunidad autónoma durante la pandemia.

Recuerdo el dolor de pensar que el primer caso diagnosticado era un poeta, que era Luis Sepúlveda, que era quien había escrito un libro que tanto hemos amado.

Y recuerdo todo lo de después: el trabajo y la responsabilidad de los diferentes sectores, el compromiso de trabajadoras y empresas, de todas las consejerías, de todas y cada una de las personas de Asturias (ese panóptico de asturianas y asturianos que soberbiamente fotografió Muel en su Sinécdoque), el esfuerzo de las compañeras de salud pública echando horas y horas. Recuerdo todo lo que se ha construido colectivamente: organizar los sistemas de vigilancia específicos en residencias, en educación, salud laboral…la revisión de eventos, poner en marcha el sistema de rastreo (embrionario y épico al principio, una maquinaria casi perfecta después, con Josina Villanueva y sus 300 rastreadoras), Miguel Prieto dando un paso adelante en el nuevo servicio creado, las pérdidas y las ausencias, la puesta en marcha de la encuesta de seroprevalencia, las campañas de sensibilización, la revisión de protocolos, la adaptación de los mismos, los informes epidemiológicos que fueron surgiendo, la organización de procesos, la redacción en paralelo de la Ley de Salud Pública para construir futuro en Asturias, las reuniones de coordinación con todos los sectores, todas las reuniones por Teams, los mensajes, las comisiones de salud pública, las comparecencias y las preguntas parlamentarias, las ruedas de prensa, las preguntas y las respuestas, los nombres y apellidos de todas las personas fallecidas, la puesta en marcha del sistema de alerta naranja, los llamamientos y los cribados selectivos, los miedos, las resoluciones y la normativa, la confusión de transparencia con trabajar con calma los datos, las metáforas bélicas que nos han demostrado que la pandemia, siendo terrible, es una cosa, pero que la guerra es otra mucho más terrible aún, aunque será estúpido hacer un ranking de desgracias porque todas son una puta mierda.

Recuerdo las diferentes olas, cuando logramos subir los primeros informes de Mario *et al.*, el cuatro plus o cuando Javi Liébana desplegó el sistema de indicadores en el

OBSA que nos permitió visualizar y comunicar mejor la toma de decisiones, recuerdo a los que se han puesto de frente y a los que se han puesto de perfil, las reuniones con los ayuntamientos, la llegada de la vacuna, el trabajazo de Marta Huerta y el equipo de las nueve de la mañana, clave durante toda la campaña, y todas la reuniones posteriores para ir consensuando grupos de vacunación y logística, más sistemas de indicadores, monitorización y comunicación de la vacuna y todas las reuniones diarias con el SESPA, uña y carne, a piñón fijo todos los días durante casi dos años, para hacer todo lo mejor posible, lo mejor que sabíamos, lo mejor que podíamos.

Recuerdo que ya era de noche, aquel 13 de marzo de 2020, cuando firmé la resolución en aquella pequeña mesa redonda. Y recuerdo cómo me miraba Lali, preocupada por el profundo significado de lo que estaba empezando. Mi querido Sergio Valles —uno de los directores claves que hemos tenido y tenemos en esta legislatura, una de esas personas que trabajan mucho en la sombra, sin afán de protagonismo, pero apoyando y resolviendo todo lo que haga falta— trataba de hacer alguna broma sobre el tema para quitar hierro, pero todo el equipo directivo de Consejería y el Sespa, en aquel despacho, el viernes, éramos conscientes de la magnitud y la gravedad de lo que estaba ocurriendo.

Recuerdo también la noticia al día siguiente, sábado por la mañana, de la declaración del estado de alerta. La recuerdo como en un estado de vigilia, algo ausente, con la impresión que la decisión que habíamos tomado el día anterior había sido correcta. La más correcta posible en aquel momento. Recuerdo que de noche estaba agotado. Llegué a casa pensando sólo en llamar a mi madre para contarle cómo iba todo. Mientras marcaba, recordé que mi madre había muerto hacía trece años. Lo más curioso es que no colgué, sino que dejé sonar la llamada esperando su voz, esperando que me repitiera aquello que solía decirnos: «*En esta casa, en esta tierra, lo más importante es que todas cuidemos de todas. Aún así, quizás las cosas no salgan como nos gustaría, pero es importante que siempre todas cuidemos de todas*».

[Segundo epílogo]

A veces, hablábamos de cosas que no habíamos visto nunca y poníamos especial atención al modo de imaginar lo extraordinario, confiábamos en la intuición del cuerpo y las manos simulaban formas desconocidas que acababan posándose, innecesariamente, en un destino ajeno. Era fácil abandonarse así, mirando aquellos lugares donde aún era todo distinto y lejano, queriendo escuchar un ruido de fondo que en alguna parte alguien estaría causando, los sonidos ocultos que iban a desordenar el mundo y que acabarían habitándonos, ese lugar al que ir para perder todos los aviones. Toda esa pericia para abandonar nuestro lugar, tiene hoy la apariencia de una fábula incapaz.

Aquí hay aún un indicio y sostiene la casa un olor antiguo, hay un rastro disculpándose en la luz que imagina. Seguimos quitando las piedras de este camino al que ya nadie llega, pero la tierra se desvanece sin provecho y cada día que pasa se hace más difícil pronunciar todos aquellos nombres. Queda un inventario de rumores que suceden, una extensa lista de objetos que han permanecido, la vida escondida en cada ausencia, los dedos suaves en las aristas del sueño, aquel gesto.

No sé si algún mapa o alguna palabra que no dijimos. Este susurro constante. Esta memoria.

JOSE G. OJÍNAGA

[Agradecimientos]

Nacho Rey, Laura Casielles y Jose Ojínaga han sido las primeras personas en leer los textos originales y animarme a que comenzaran un proceso editorial. Así ha sido con estos pájaros, aviones y perros, y así lo fué con Artemio Rulán y sus ñoaranzas y gorriones. Gracias de nuevo por vuestra paciencia y el tiempo. Gracias especialmente a Oji por cerrar el texto con un bellísimo texto.

Natalia Álvarez pone orden en las palabras del texto y en las células y humores del narrador que escribe esto. Lucía, Martín y ella: kilómetro cero de lo que realmente importa que somos.

A Orpheus y a Nieves Penela por acoger estas historias y mimarlas desde cuando las recibieron en la primavera del 2023 hasta ahora.

A todos los contemporáneos que estáis en el libro: más iluminados, en penumbra, de frente o de perfil, entre líneas, en las citas, en los puntos suspensivos o en las páginas en blanco.

[Índice]

Este libro se terminó de componer el 20 de diciembre de 2023, onomástica de San Amoun, asceta egipcio que, tras casarse por imposición familiar, hizo voto de castidad con su esposa, hasta que ambos se separaron. Se hizo eremita en la montaña de Escete y se le atribuía el carisma de ver la realidad invisible, leer los pensamientos y adivinar secretos. Se celebraba también el Día Internacional de la Solidaridad Humana, conmemoración establecida por la ONU en el año 2005.